BEI GRIN MACHT SICH IHR WISSEN BEZAHLT

- Wir veröffentlichen Ihre Hausarbeit,
  Bachelor- und Masterarbeit

- Ihr eigenes eBook und Buch -
  weltweit in allen wichtigen Shops

- Verdienen Sie an jedem Verkauf

Jetzt bei www.GRIN.com hochladen und kostenlos publizieren

Sigrid Weyers

Carlo Maderno: Santa Susanna

Beispiel einer frühbarocken Kirchenfassade

GRIN Verlag

Bibliografische Information der Deutschen Nationalbibliothek:

Die Deutsche Bibliothek verzeichnet diese Publikation in der Deutschen National-
bibliografie; detaillierte bibliografische Daten sind im Internet über http://dnb.d-
nb.de/ abrufbar.

Impressum:

Copyright © 2005 GRIN Verlag GmbH
Druck und Bindung: Books on Demand GmbH, Norderstedt Germany
ISBN: 978-3-640-39446-3

GRIN - Your knowledge has value

Der GRIN Verlag publiziert seit 1998 wissenschaftliche Arbeiten von Studenten, Hochschullehrern und anderen Akademikern als eBook und gedrucktes Buch. Die Verlagswebsite www.grin.com ist die ideale Plattform zur Veröffentlichung von Hausarbeiten, Abschlussarbeiten, wissenschaftlichen Aufsätzen, Dissertationen und Fachbüchern.

Besuchen Sie uns im Internet:

http://www.grin.com/

http://www.facebook.com/grincom

http://www.twitter.com/grin_com

Carlo Maderno:

Santa Susanna, Rom

Beispiel einer frühbarocken Kirchenfassade

Proseminar im Grundstudium: Einführung in das Studium der Architektur

Universität Koblenz-Landau, Campus Landau
Institut für Kunstwissenschaft und Bildende Kunst
Wintersemester 2004/2005

Referentin: Sigrid Weyers
              Stud. M. A. (Kunstwissenschaft/Bildungsökonomie)
              3. Fachsemester

Inhaltsverzeichnis

1   Lage und Geschichte der Kirche 3

2   Der Architekt Carlo Maderno 4

3   Beschreibung der Fassade 5

    3.1   Sockel 5

    3.1.1   Sockel im Kirchenbau 6

    3.2   Säulenordnung im ersten Geschoss 6

    3.2.1   Ausgestaltung der Wandfelder 6

    3.2.2   Portalzone 7

    3.2.3   Hauptgebälk 8

    3.3   Schichtung der Fassade 8

    3.4   Übergang zum zweiten Geschoss 8

    3.5   Säulenordnung im zweiten Geschoss 9

    3.5.1   Gestaltung der Wandfelder 9

    3.5.2   Portalädikula und Scheinportal 10

    3.5.3   Abschluss des zweiten Geschosses 11

    3.6   Seitenansicht der Fassade 11

    3.7   Girlandenschmuck an sakralen Gebäuden 12

    3.8   Gesamtwirkung der Fassade 12

4   Historischer Hintergrund 14

    4.1   Die „Instructiones" des Carlo Borromeo 14

1   Lage und Geschichte der Kirche

Die Kirche Santa Susanna liegt an der Piazza di S. Bernardo in Rom, unweit der Diokletiansthermen, des Quirinale und des Palazzo Barberini. Sie gehört nicht zu den großen römischen Pilgerkirchen, dient aber seit einer Widmung durch Papst Pius XI. im Jahre 1922 als Nationalkirche der Katholiken der Vereinigten Staaten.[1] Die Heilige Susanna gehört zu den Stadtpatronen Roms. Sie war die Tochter des Priesters Gabinius und die Nichte des Papstes Cajus (282-295) und soll im Jahre 294 an der Stelle enthauptet worden sein, wo heute S. Susanna steht.[2] Sie wird als urchristliche Märtyrerin verehrt, ihre Reliquien werden in S. Susanna aufbewahrt. Andere Quellen sehen in ihr lediglich die Stifterin der Kirche. Dies ist vom zeitlichen Zusammenhang her denkbar, da an dieser Stelle seit dem 4. Jahrhundert ein sakraler Bau nachgewiesen ist.[3]

Der jetzige Bau stammt aus karolingischer Zeit, er diente als Pfarrkirche des umgebenden Viertels und – bis heute – als Klosterkirche eines Konvents der Zisterzienserinnen. In der zweiten Hälfte des 16. Jahrhunderts wurde die Kirche entscheidend umgestaltet. Dies betraf sowohl die Ausgestaltung des Innenraums als auch die Neugestaltung der Fassade nach den Entwürfen des Architekten Carlo Maderno. Er schuf an dieser kleinen, eher unbedeutenden Kirche die erste voll ausgebildete frühbarocke Kirchenfassade.

Ab 1579 wurden unter Papst Gregor XIII. umfangreiche Bauarbeiten zur Erhaltung und Umgestaltung der Kirche aufgenommen. Der Innenraum wurde 1595 fertig gestellt, mit den Arbeiten an der Fassade wurde 1597 begonnen, 1603 wurde sie unter dem Pontifikat Clemens´ VIII. beendet. All dies geschah auf Veranlassung des Kardinals Rusticucci, des Protektors der Zisterzienser, päpstlicher Sekretär und Protonotar bis zu seinem Tode im Jahr 1603, wie die Inschrift auf dem Fries des Hauptgebälks belegt.[4] S. Susanna war seit 1570 Titularkirche des Kardinals.

---

[1] Buchowiecki, 1974, 994
[2] Ebenda, 995
[3] Siehe dazu http://www.kirchenlexikon.de/s/s4/susanna_v_r.shtml
Bei Buchowiecki, 1974, 996, heißt es dazu:" Von all dem bisher dargelegten ist bis auf die Notiz im Martyrilogium Hieronymianum wissenschaftlich nichts haltbar. Die Berichterstattung über den Tod der Heiligen in der „Passio" ist bar jeder geschichtlichen Grundlage, die „Passio" selbst entstand ja sichtlich zu dem Zweck, die Entstehung der Kirche auf dem Quirinal und den in ihr angesiedelten Kult der Heiligen durch eine glaubhaft scheinende Erzählung zu rechtfertigen."
[4] Vgl. Kapitel 3.2.3

2   Der Architekt Carlo Maderno

Carlo Maderno wurde 1556 im Tessin, in Capolago am Luganer See, geboren.[5]
Zur Zeit des Pontifikats von Gregor XIII. kam er gemeinsam mit vier Brüdern nach
Rom, wo er 1588 die Bürgerrechte erwarb. Während der ersten Jahre arbeitete er
in untergeordneter Position in der Werkstatt seines Onkels Domenico Fontana,
Baumeister am neuen Lateran-Palast (bis 1308 Residenz des Papstes, ab 1538
Neubau und Umgestaltung u. a. unter Sixtus V.). Maderno verließ Rom jedoch
wieder, möglicherweise steht dies im Zusammenhang damit, dass sein Onkel
zwischenzeitlich beim Papst in Ungnade gefallen war und seinerseits Rom verließ.
Maderno ließ sich in Neapel nieder und baute eine eigene Werkstatt auf. Als
selbstständiger Baumeister war er wenig erfolgreich, so schreibt Rudolf Wittkower:
„and before 1600 he made a name for himself".[6]
Das Jahr 1603 brachte für Maderno den entscheidenden Wendepunkt. Er beende-
te die Fassade von S. Susanna, „Madernos most outstanding performance"[7], und
wurde zum Architekten des Petersdoms berufen. Es folgten weitere Aufträge:
Palazzo Mattei (vierflügelige Treppe), S. Andrea delle Valle (Leitung der Bauarbeiten ab 1608), Quirinalspalast (Sommerresidenz des Papstes, hier: Cappella
Paolina, Sala dei Corazzieri, Hauptportal). Er erhielt den Auftrag zur Erweiterung
und Neugestaltung des Palazzo Barberini, konnte diesen aber nicht mehr aus-
führen. Zwar belegen Rechnungen vom Oktober 1628 den Beginn der Arbeiten
unter seiner Leitung, Maderno starb jedoch am 31. Januar 1629. Papst Clemens
VIII. berief daraufhin Gian Lorenzo Bernini (1598–1680) zu dessen Nachfolger,
assistiert von Francesco Borromini (1599–1667).

---

[5] In den verschiedenen Quellen findet sich als Familienname sowohl Maderno als auch Maderna, letzteres
allerdings seltener, so dass ich den Namen Maderno verwende.
[6] Wittkower, o. J., 76
[7] Wittkower, o. J., 78

3 Beschreibung der Fassade

Die Kirche S. Susanna ist für den Betrachter von der davor liegenden Piazza aus nicht als Ganzes zu erfassen, d. h. sie steht nicht frei, sondern wird von unmittelbar angrenzenden Gebäuden – Teilen des alten Zisterzienserkonvents, die heute teils als Kloster, teils als Gemeindezentrum, teils der Unterbringung der Garde des Präsidenten der Italienischen Republik dienen – eingeschlossen.[8] Diese städtebauliche Situation – die Kirch ist Teil einer Häuserzeile – findet sich in Rom und anderen italienischen Orten häufig. Die Kirche kann sich damit nur über ihre Fassade zur Straße bzw. zum Platz hin dem Betrachter, dem Gläubigen präsentieren. Hierin liegt einer der Gründe für die besondere Sorgfalt, die bei der Gestaltung der „Schauseiten" der Kirchen aufgewendet wurde. So präsentiert sich S. Susanna dem Betrachter mit einer zur Piazza di S. Bernardo hin reich geschmückten zweigeschossigen, fünfachsigen, nach oben verjüngten Fassade.

3.1 Sockel

Der Eingang zum Kircheninneren liegt nicht zu ebener Erde, eine achtstufige Treppe führt zur Schwelle des Kirchenportals. In ihrer Breite misst die Antrittsstufe etwa das Dreieinhalbfache der Austrittsstufe, d. h. an ihrer Basis nimmt die Treppe nahezu die Hälfte der gesamten Fassadenbreite ein.[9]

Der so entstandene Sockel wird vertikal durch Postamente für die sich darüber erhebenden Säulen gegliedert. Die beiden äußeren Abschnitte des Sockels bleiben dabei ohne Begrenzung zum Fassadenrand hin, während die beiden inneren Abschnitte durch vorstehendes Mauerwerk klar nach links und rechts abgegrenzt werden. Eine horizontale Gliederung der Sockelzone erfolgt einerseits wesentlich durch die Treppe im zentralen Abschnitt. Darüber hinaus werden die

---

[8] Bei Buchowiecki, 1974, heißt es dazu: „Rechts von der Kirche ließ der Kardinal Rusticucci ein Wohnhaus für den Beichtvater der Nonnen und für die Pfarrgeistlichkeit, links das Kloster der Zisterzienserinnen erbauen." (100)
[9] Verhältnis Treppenbreite : Fassadenbreite = 3 : 7

einsehbaren Sockelflächen auf Höhe der sechsten Treppenstufe durch einen schmalen, umlaufenden Absatz im Verhältnis 2 : 1 in zwei Bänder geteilt. Die Sockelflächen links und rechts des Aufgangs werden zusätzlich durch zwei rechteckige Öffnungen mit halbkreisförmigen Ausbuchtungen an den Schmalseiten aufgelockert.

3.1.1 Sockel im Kirchenbau

Die durch Säulenordnungen bestimmten Geschosse unterliegen historischen Veränderungen. De Sockel gehört dagegen zu den architektonischen Elementen, die von der Antike bis in die frühe Neuzeit nur wenigen Veränderungen unterlagen. Der Einsatz eines Sockels im Kirchenbau greift das Vorbild des antiken Podientempels auf. Der sakrale Bau soll nicht ebenerdig begehbar sein, um die Würde des Ortes zu betonen, zu steigern. Palladio fordert zu diesem Zwecke den Bau Stufen, Serlio eine Erhöhung des Gebäudes. Alberti schließlich gibt konkrete Proportionen für die Sockelhöhe im Verhältnis zur Tempelbreite an.[10]

3.2 Säulenordnung im ersten Geschoss

Die Fassadenfläche im ersten Geschoss wird durch korinthische Säulen und Pilaster gegliedert, die einander paarweise zugeordnet sind, d. h. alle fünf Sichtachsen sind vollständig ausgebildet. Nach unten erfolgt die Begrenzung durch den Sockel, nach oben durch das Hauptgebälk. Auf diese Weise werden fünf Wandflächen ausgebildet, die in Anlehnung an entsprechende Gewölbeflächen auch als Travées bezeichnet werden können.[11] Sie sind wie folgt angeordnet: Auf eine Pilastertravée am linken und rechten Rand folgt je eine Halbsäulentravée, dabei schiebt sich der jeweils innen liegende Pilaster unter die äußere Halbsäule. In der Mitte öffnet sich die durch eine Dreiviertelsäulentravée gebildete Portalädikula.

3.2.1 Ausgestaltung der Wandfelder

Die Pilastertravées zeigen jeweils zwei untereinander angeordnete Reliefplatten, wobei die obere sich durch den reichen Schmuck – Kranzgirlande mit Traubenbündeln am unteren Rand, geschweiftes Band mit geflügeltem Cherubkopf, eingelassen in die Basis des abschließenden Segmentgiebels – auszeichnet. Diese Wandfelder sind schmaler als die von Säulen eingefassten Abschnitte, auch dies rückt sie optisch in den Hintergrund bzw. an den Rand.

---

[10] Vgl. Schlimme, 1999, 71 ff.
[11] Vgl. http://www.projekte.kunstgeschichte.uni-muenchen.de/arch_complete_vers/40-ren-barock-architektur/studieneinheiten/lektion_8/VIII_5_28.htm

Die Halbsäulentravées beherbergen jeweils eine Ädikula, die in ihrer Höhe den beiden benachbarten Kartuschen entspricht. Diese wird an den Seiten von kannelierten Pilastern mit aufgesetzter Kämpferzone gesäumt, nach unten durch einen verkröpften, profilierten Giebel abgeschlossen. Unterhalb der Sohlbank ist als Schmuck zwischen den Konsolen ein Motiv aus geschweiften Bändern eingefügt, am unteren Rand des Giebels ein geflügelter Cherubkopf im Zentrum einer Kranzgirlande. In beiden Ädikulen steht in einer Rundbogennische, ausgeführt als Muschelkalotte, auf einem kleinen Sockel eine dem Portal zugewandte weibliche Figur. Die rechte Figur hält in ihrer erhobenen Rechten eine Fackel, in ihrer Linken ein geöffnetes Buch (die Heilige Schrift?). Möglicherweise hielt die linke Figur – so deutet es die Handstellung zumindest an – ursprünglich ebenfalls eine Fackel in ihrer Rechten, nun ist die Hand leer. Die beiden Statuen stellen die in der Kirche besonders verehrten Heiligen dar: Santa Susanna und Santa Felicitas.[12]

Bei genauerem Hinsehen fallen Schattenfugen zwischen den Innenkanten der Halbsäulen und der von ihnen begrenzten Fläche der Ädikula ins Auge. Bei diesem Säulenpaar handelt es sich um sog. Halbalveolensäulen. Diese Schattenfugen betonen die Vertikale unabhängig von den tatsächlichen Lichtverhältnissen. Die von den Pilaster- und Halbsäulentravées eingebundenen Wandflächen werden nach unten zusätzlich durch einen umlaufenden Wulst in Höhe des oberen Säulentorus, nach oben durch einen ebensolchen in Höhe der Kapitellbasis begrenzt. Die zwischen den Kapitellen entstandenen Felder sind mit Kranzgirlanden bzw. Medaillons in geschweiften Rahmen ausgeschmückt.

3.2.2 Portalzone

Eingefasst zwischen den beiden Halbsäulentravées bildet die Portalzone das Zentrum des ersten Geschosses, dies wird durch ihre Ausmaße noch unterstrichen. Im Vergleich zu den Relieffeldern der Pilastertravées und den Figurenädikulen der Halbsäulentravées ist sie deutlich breiter. Sie erhält ihren äußeren Rahmen durch eine Dreiviertelsäulentravée, die nach oben von einem verkröpften, profilierten Segmentgiebel abgeschlossen wird. Die eigentliche Portalöffnung wird von einem profilierten Rahmen analog den Kartuschen der Pilastertravées eingefasst und zusätzlich durch kannelierte Pilaster an den Seiten betont. Der abschließende Segmentgiebel ruht nicht unmittelbar auf den Pilastern, vielmehr ist zwischen ihm und dem Portalrahmen ein weiteres Medaillon mit Kranzgirlanden

---

[12] Buchowiecki, 1974, 1001

7

eingelassen, welches links und rechts von Cherubköpfen, eingefasst von Voluten, flankiert wird. Ein weiterer Cherubkopf nimmt nahezu die gesamte Fläche des Tympanons ein. Kranzgirlanden und Voluten füllen die Flächen zwischen dem Segmentgiebel und dem Architrav des darüber liegenden Gebälks.

3.2.3 Hauptgebälk

Auf den Kapitellen der Pilaster und Säulen ruht ein vollständiges, verkröpftes Gebälk, zusammengesetzt aus Architrav – versehen mit Faszien –, Fries und stark auskragendem Gesims.

Der Fries trägt die Inschrift: HIER * EPIS * PORT * CARD * RUSTICUCIUS * PAPAE * VICAR * A * MDCIII (übersetzt: Hieronymus * Bischof * ... * Kardinal * Rusticucius * Sekretär * des Papstes * im Jahre 1603). Sie verweist auf den „cardinal protettore" dieser Kirche, den zu Beginn erwähnten Girolamo Rusticucci. Die Schriftverteilung auf dem Fries ist dabei so geschickt gewählt, dass der Name Rusticuccis alleine in der Mitte steht. Das Gesims wird an seinem unteren Rand durch Guttae und einen darunter liegenden Eierstab betont.

In seiner Mitte trägt das Gebälk einen profilierten Giebel, der die Portalzone krönt und hervorhebt. Seine Schenkel werden an ihrer Innenseite ebenfalls durch einen Kranz von Guttae und einen Eierstab betont. Sein Tympanon wird vollständig ausgefüllt durch eine Darstellung des auf einem Schweißtuch liegenden Kopfes der Hl. Susanna.[13]

3.3 Schichtung der Fassade

Das verkröpfte Gebälk verdeutlicht die Schichtung der Fassade. Am weitesten vorgebaut ist die von Säulen eingefasste Portalzone, die Ädikulenfelder zwischen den Halbsäulen sind leicht zurückversetzt, und die Pilastertravées schließen den Wandaufbau nach hinten ab. Die Wand erscheint so nicht als zweidimensionales, flächiges, sondern als dreidimensionales, räumliches Element.

3.4 Übergang zum zweiten Geschoss

Das Anbringen eines Giebels als Abschluss des Gebälks über der Portalzone stellt den Architekten vor ein Problem: Ein unmittelbar auf dem Gebälk aufgesetztes zweites Geschoss wäre an dieser Stelle teilweise verdeckt. Maderno löst dieses Problem, indem er zwischen Gebälk und zweitem Geschoss eine Attika über die

---

[13] Buchowiecki, 1974, 1002

gesamte Breite des ersten Geschosses einfügt. Diese nimmt in modifizierter Form wesentliche Gliederungsprinzipien aus dem darunter liegenden Geschoss auf: die Einteilung in fünf Fassadenabschnitte und den gestaffelten Wandaufbau.

Die Abgrenzung der Fassadenabschnitte erfolgt durch Postamente für die Pilaster der Fassade im zweiten Geschoss, die deutlich aus dem übrigen Mauerwerk herausragen. Diese fehlen allerdings an den äußeren Rändern, hier läuft das Mauerwerk ohne Begrenzung aus. Die sich ergebenden Felder sind, mit Ausnahme des zentralen Bereichs über dem Giebel, vertikal gegliedert durch eingelassene bzw. aufgesetzte Kartuschen. Gleichzeitig wird die Attika durch einen umlaufenden Absatz der Höhe nach in zwei Abschnitte im Verhältnis 1:2 geteilt. Als Begrenzung nach oben dient eine deutlich auskragende Abschlussplatte, auf der dann Pilasterbasen und Wandfelder ruhen.

3.5 Säulenordnung im zweiten Geschoss

Im zweiten Geschoss verjüngt sich die Fassade, an die Stelle der fünfachsigen tritt nun eine dreiachsige Gliederung. Die beiden äußeren Wandfelder laufen in Voluten aus, die nahezu über die gesamte Höhe des Geschosses reichen. Somit ergibt sich eine Aufteilung in drei Wandfelder, die durch paarweise einander zugeordnete Pilaster mit korinthischen Kapitellen gegeneinander abgegrenzt werden. Auch hier sind alle drei Achsen vollständig ausgebildet, also voneinander unabhängig. Analog zum ersten Geschoss kann man auch hier von Pilastertravées sprechen, die wiederum symmetrisch angeordnet sind. Durch die Verwendung von Pilastern anstelle der Säulen des ersten Geschosses wird das zweite Geschoss in seiner Wirkung und Bedeutung zurückgenommen.

3.5.1 Gestaltung der Wandfelder

Die beiden äußeren Wandfelder sind als Halbpilastertravées ausgeführt, die in ihrer Mitte jeweils eine Ädikula beherbergen. In profilierte Rahmen eingefasst und von einem gekröpften, gesprengten, profilierten Giebel überspannt, lenken sie den Blick auf Rundbogennischen, die wiederum vollständig ausgefüllt sind mit jeweils einer männlichen Figur. Die linke trägt ein Priestergewand und zu ihren Füßen ist eine Tiara abgelegt; es handelt sich um den Hl. Cajus. Rechts befindet sich die Statue des Hl. Gabinius, beide Skulpturen stammen aus der Werkstatt Stefano Madernos.[14]

---

[14] Buchowiecki, 1974, 1003

9

Im Gegensatz zu den Ädikulen im ersten Geschoss fehlt die Sohlbank, und die äußeren Begrenzungen sind nicht als Pilaster ausgeführt. Der um sie herum gelegte Rahmen wird jedoch seitlich im oberen Bereich in Konsolenkapitelle aufgelöst. Auf ihnen liegen Kämpferzonen auf, die einen profilierten, verkröpften, gesprengten Segmentgiebel tragen. Als zusätzliche Dekoration sind am unteren Rahmenrand Kranzgirlanden angebracht, mit Engelsköpfen in ihrer Mitte. Im Zenit der Bogennische befinden sich Schlusssteine in Form von Volutenkonsolen und in den entstandenen Ecken zwischen Giebel und Nischenbogen geflügelte Cherubköpfe.

Die Wandflächen in den beiden seitlichen Ädikulen im zweiten Geschoss werden nach unten durch einen umlaufenden Wulst in Höhe des unteren Sockeltorus der Pilaster begrenzt. Nach oben bildet ein umlaufender Wulst auf Höhe der Kapitellbasis den Abschluss, die so entstandenen Wandfelder sind wie im ersten Geschoss mit Medaillons in geschweiften Rahmen ausgefüllt.

3.5.2 Portalädikula und Scheinportal

Im Zentrum öffnet sich über dem Giebel des Kirchenportals, eingefasst von Dreiviertelpilastern, scheinbar ein zweites, wenn auch kleineres Portal. In eine Ädikula, eingefasst von schmalen Halbsäulen mit korinthischen Kapitellen und nach oben angeschlossen durch einen auf Kämpferzonen aufgesetzten, verkröpften, profilierten Segmentgiebel ist eine Rundbogenöffnung eingelassen. An Stelle eines Portals jedoch befindet sich hier jedoch ein Fenster, das die untere Hälfte der Öffnung einnimmt. Darüber liegt eine gerahmte Kartusche, die eine Krone, eingebunden mit geschweiften Bändern zeigt, und eine im abschließenden Rundbogen eingelassene Muschelkalotte.[15] Zusätzlich ist im Zenit des Bogens ein Schlussstein in Form einer Volutenkonsole eingelassen. Der Eindruck, hier könne es sich um ein Portal handeln, wird wesentlich durch die vorgelagerte niedrige Balustrade erreicht. Sie gibt der Ädikula das Gepräge eines Balkons – möglicherweise ein Zitat aus dem profanen Palastbau: ein Balkon, auf dem der Herrscher sich zeigt, um die Huldigungen des Volkes entgegenzunehmen?

---

[15] Buchowiecki, 1974, schreibt dazu: „Der Fensterausschnitt ist zwar leicht hochrechteckig, doch sitzt die eigentliche, ungemein kleine, querrechteckige Fensteröffnung, die in Gestaltung und Größe den anderen Fenstern des Langhauses entspricht, ganz unten, unmittelbar oberhalb der Balustrade. Weil jedoch ein derart kleines Stirnfenster für die prunkvolle Fassade enttäuschend gewirkt haben würde, führte Maderno ein Fassadenfenster in der üblichen, zu erwartenden Größe ein, verschloß [sic!] jedoch seinen oberen Anteil, der mit dem dahinter liegenden Kirchenraum keine Verbindung mehr gehabt hätte, mit einer etwas zurückgesetzten querrechteckigen Zierplatte mit einer Zackenkrone und Bändern im Relief." (1002)

3.5.3 Abschluss des zweiten Geschosses

Auf den Kapitellen der Pilaster ruht ein vollständiges verkröpftes Gebälk. Der Architrav wird durch eine Leiste mit Guttae betont, der Fries ist im Gegensatz zu jenem über dem ersten Geschoss schmucklos und ohne Inschrift, was die Bedeutung des Frieses im Hauptgebälk unterstreicht. Auf dem stark auskragenden Gesims, optisch noch hervorgehoben durch Eierstab und Kranzkonsolen, ruht ein verkröpfter, profilierter Giebel, der die gesamte Fassadenbreite überspannt. Auch hier werden die Innenseiten der Schenkel durch Kranzkonsolen und Eierstab betont. Das Tympanon ist ebenfalls gestaffelt; es nimmt dabei die Schichtung der darunter liegenden Wandflächen auf, d. h. der mittlere Bereich über der Portalzone ist nach vorne gezogen. Dieser wird fast vollständig eingenommen von einem Schmuckelement, bestehend aus einem Medaillon umgeben von Weinranken mit Traubenbündeln, das das Wappen des Kardinals Rusticucci zeigt.[16]

Der gesamte Giebel wird bekrönt durch eine leicht zurückgesetzte Balustrade, die sowohl links als auch rechts durch zwei Wandfelder unterbrochen wird, die in einer Flucht mit den Säulen und Pilastern der Portalädikulen bzw. der Figurenädikulen liegen. Die beiden äußeren Endpunkte der Balustrade werden durch steinerne Fackeln bzw. Feuertöpfe betont, im Scheitelpunkt des Giebels prangt auf einem Sockel ein lateinisches Kreuz.

3.6 Seitenansicht der Fassade

Die Fassade ist nicht als bloße Aufsicht auf die der Piazza zugewandten Seite des alten Kirchenschiffes konzipiert. Schon durch ihre Schichtung ergibt sich ein räumlicher Effekt, der durch die bewusste Einbeziehung der Seitenteile in die Gestaltung unterstützt wird. Zwar sind deren Wandfelder schmucklos, jedoch werden sie von den Pilastern nach hinten begrenzt. Die Strukturen des Gebälks, des Giebels und der Balustrade setzen sich ebenso nach hinten fort.

Die seitlich angebrachten Voluten des zweiten Geschosses laufen in Pilasterschäfte aus, die ebenfalls korinthische Kapitelle tragen. Gebälk und Giebel nehmen die Bewegung auf und sind an diesen Stellen verkröpft, ebenso wie am hinten abschließenden Pilaster.

Die Fortsetzung der Balustrade nimmt sowohl den vorderen wie auch den rückwärtigen Pilaster in ihrem Verlauf auf. Im vorderen Bereich wird dies durch eine kleine Volute noch betont. Die rückwärtigen Endpunkte der Balustraden-

---

[16] Buchowiecki, 1974, 1003

ausläufer, nun als geschlossene niedrige Mauer mit auskragender Abschlussplatte ausgeführt, werden von je einem steinernen Pflanzgefäß auf kleinem Sockel betont.

3.7 Girlandenschmuck an sakralen Gebäuden

Die Verbindung von Kranzgirlanden und Engelskopf erinnert an antike Bukranienfriese. Bei diesen waren jedoch Tierschädel – Symbol für die im Tempel geopferten Tiere – in die Girlanden eingelassen. Girlanden und Engelsköpfe werden von Maderno vielfach als Fassadenschmuck für S. Susanna eingesetzt. Er zitiert damit die antike Tradition und interpretiert sie zugleich neu im Sinne des christlichen Glaubens. Dies ist als Betonung des sakralen Charakters des hinter der Fassade befindlichen Gebäudes zu lesen, dessen christlicher Charakter gleichzeitig durch die Engel – Boten des Herrn – verdeutlicht wird. Insgesamt bilden die Cherubköpfe neben den Kranzgirlanden die wichtigsten dekorativen Elemente der Fassade.

3.8 Gesamtwirkung der Fassade

Im Falle von S. Susanna erstreckt sich die Fassade über die gesamte Breite des Kirchenschiffes; seine Ausdehnung wird in der Fassade durch Eckpilaster deutlich gemacht. Gleichzeitig verweist die Schauseite mit zwei unterschiedlichen Geschossbreiten auf den vermeintlich basilikalen Charakter – erhöhtes Mittel-schiff, zwei niedrigere Seitenschiffe – des dahinter liegenden Kirchenraums. Dieser äußerlich suggerierte Querschnitt des Langhauses entspricht im Falle von S. Susanna aber nicht der baulichen Realität. Hinter den niedrigeren Randfeldern ihrer Fassade schließen sich nicht die Seitenschiffe an, sondern anderweitig ge-nutzte Nebenräume der Kirche, die nicht zum Mittelschiff hin geöffnet sind. Damit verbirgt sich bei S. Susanna hinter der basilikalen Fassade eine Hallenkirche.

Die Fassadengestaltung erweist sich als wohl durchdachte Komposition, die die gewählten architektonischen Elemente zu einer rhythmisch bewegten Einheit zusammen fügt, deren Dynamik sich zur Gebäudemitte hin steigert. Diese Steigerung wird schon bei der Anordnung der Travées deutlich, von schmalen, eher reliefartig gestalteten Wandfeldern über Figurenädikulen mit großen Nischen-öffnungen bis hin zur Portalzone mit einer durchgehenden Öffnung, die ins Kircheninnere leitet. Die Schichtung der Fassade in drei Ebenen bringt zusätzliche Bewegung in die Gestaltung.

Diese Wirkung erzielt auch die Anordnung der unterschiedlichen Giebelgrößen und –formen. Im ersten Geschoss flankieren zwei kleinere Segmentgiebel den großen Segmentgiebel unmittelbar über dem Portal. Die Giebel der Figuren-ädikulen führen zum Portalgiebel, der die gesamte Portalzone überspannt. Dieser wiederum leitet zum Hauptgiebel, der das zweite Geschoss bedeckt. Dort finden sich in den Randfeldern gesprengte Segmentgiebel, die gestalterisch sowohl die Segmentgiebel der Pilastertravées als auch die Giebel der Figurenädikulen aus dem ersten Geschoss aufnehmen und ihrerseits den Segmentgiebel über der zentralen Rundbogennische flankieren.

Die Betonung der zentralen Sichtachse in beiden Geschossen bis hin zum gestuften Tympanon lenkt den Blick des Betrachters unweigerlich in die Mitte der Fassade. Dies, die Gestaltung des Treppenaufgangs mit sich nach oben ver-jüngenden Stufen und die klare gestalterische Abstufung des zweiten gegenüber dem ersten Geschoss führen ihn – ebenso wie die sich kreuzenden Blicke der Heiligenstatuen in den unteren Figurenädikulen – zum Kirchenportal, das ein-deutig im Zentrum der gesamten Gestaltung steht. Es zeigt sich also, dass alle verwendeten Gestaltungselemente aufeinander bezogen sind und einem gestalterischen Ziel, der Gesamtwirkung, dienen.

Dies gilt auch für die an die Kirche angebauten Räume. Obwohl die angrenzenden ehemaligen Konventsgebäude einzelne gestalterische Details der Fassade aufgreifen und sie so in die Umgebung einbinden – z. B. die Sockelhöhe, umlaufende Wulste oben und unten, eine Balustrade nach dem Muster der oberen Portalädikula als Abschluss dieser Bauteile – tritt die Kirchenfassade klar hervor und hebt sich eindeutig von der übrigen Architektur ab. Damit hat der Architekt sicher eine entscheidende Vorgabe des Bauherren erfüllt.[17]

Gleichzeitig greift die Symmetrie der Kirchenfassade über auf die Umgebung. Die angrenzenden Baukörper zu beiden Seiten sind identisch in ihrer Gestaltung und in ihrer Position zur Schauseite der Kirche. Damit stellen sie sicher, dass deren mehrgeschossige Fassade sich über die urbane Bebauung erheben konnte, so wie Palladio es forderte: „Man wird die Fronten [: Fassaden, Eingangsseiten] der Tempel so machen, daß sie den größten Teil der Stadt überblicken; damit es so

---

[17] Vgl. dazu auch Kapitel 4.1

erscheint, als sei die Religion wie ein Wächter und ein Beschützer der Bürger aufgestellt ...".[18]

4 Historischer Hintergrund

1517 scheiterte das seit 1512 tagende 5. Konzil im Lateran an der Frage einer Reform der Kirche. Im selben Jahr schlug Luther seine 95 Thesen zu Wittenberg an die Tür der Schlosskirche; 1521 wurde er durch Papst Leo X. mit Bannbulle und Reichsacht belegt. 1526 führte das Haus Habsburg unter Karl V. in Italien Krieg gegen Frankreich und den Papst. Im Zuge dieser Auseinandersetzungen führten Charles de Bourbon und Georg von Frundsberg ein Heer von mehr als 20.000 überwiegend protestantischen deutschen Söldnern gegen Rom. Am 26. Mai 1527 begann der *Sacco di Roma*, eine der schlimmsten Plünderungen in der Geschichte der Stadt, die das Zentrum des Glaubens und der Kirche war. Fast die Hälfte der Bevölkerung wurde ermordet, der größte Teil der Kunstschätze wurden geraubt oder zerstört.

In den folgenden Jahren formierte sich innerhalb der Kirche die Gegenreformation. 1545 wurde das Konzil von Trient einberufen und am 13. Dezember durch Papst Paul III. eröffnet. Es tagte in drei Sitzungsperioden bis 1563; seine Beschlüsse wurden 1564 durch Papst Pius IV. bestätigt. In der ersten Phase des Konzils (1545-1547) ging es vor allem um die Rechtfertigung des autoritativen Charakters kirchlicher Traditionen im Widerspruch zu Luthers Prinzip „sola scriptura" (allein der Wortlaut der Heiligen Schrift zählt), dessen Anhänger in der Folge aus der kirchlichen Gemeinschaft ausgeschlossen wurden. In der zweiten Phase (1551-1552) befassten sich die kirchlichen Abgesandten v. a. mit dem Bußsakrament und der kirchlichen Liturgie, in der dritten Sitzungsperiode (1561-1563) mit der Kommunion, dem Messopfer und dem Ablasswesen. Die Beschlüsse des Tridentinischen Konzils hatten direkte Auswirkungen auf die sakrale Architektur; in der Folge veränderte sich die Gestaltung der Kirchenräume, vor allem die Präsentation ihrer Fassaden.

4.1 Die „Instructiones" des Carlo Borromeo

In seinen „Instructiones" entwickelte Borromeo, Neffe von Pius IV., Kardinal, Erzbischof der Diözese Mailand und Teilnehmer am Tridentinischen Konzil, einen

---

[18] Zit. nach Schlimme, 1999, 239-240

umfassenden Katalog von Richtlinien und teils sehr detaillierten Anweisungen für den Bau und die Ausgestaltung von Kirchen. Diese Sammlung richtete sich insbesondere an die Bauherren, d. h. an Ordensgemeinschaften, Kardinäle und Bischöfe, die einen Kirchenbau bzw. – wie im Falle von S. Susanna – die Neugestaltung eines Altbaus in Auftrag geben wollten.

Verbindliche Grundrissform wurde das lateinische Kreuz, gleichzeitig sollte schon der Standort den sakralen Charakter des Baus betonen. So sollte die Kirche nicht zu ebener Erde betreten werden, vielmehr über eine Treppe als erhabener Ort wahrgenommen werden. Ferner sollte sie abseits von Ställen, Tavernen und Märkten errichtet werden und ihr Baukörper die umgebende Bebauung überragen. Dem optischen Einbinden in vorhandene Bebauungsstrukturen wurde nicht widersprochen, die wandhafte Einbindung in Profanbauten jedoch abgelehnt. Fenster sollten ausschließlich der Beleuchtung dienen, aber keinesfalls den Blick nach draußen, noch den von dort ins Kircheninnere ermöglichen, um die sakralen Handlungen nicht zu stören.

Neben der Formulierung konkreter Anforderungen an die Gestaltung der Bauwerke legte Borromeo zugleich die klare Abgrenzung der Kompetenzen von Bauherr und Architekt fest. Alle Fragen bezüglich Statik, Mauerwerk, Materialien oder Dachform legte er in die Entscheidung des Architekten, sie waren vom Bauherren gemäß dem zu errichtenden Gebäude und den örtlichen Gegebenheiten zu billigen. Das ikonographische Programm jedoch, die Themen der Gemälde, Fresken und Skulpturen, die Art der Ornamentik, die zum Schmuck und zur Steigerung der Würde des Bauwerkes eingesetzt werden sollte, oblag einzig dem Willen des Bauherren. Der Architekt war beauftragt, ihn in diesem Sinne in diesen Fragen zu unterstützen.

Schwerpunkt der Gestaltung war die der Straße oder dem vor der Kirche befindlichen Platz zugewandte Schauseite, in der Regel die Schmalseite des Langhauses. Die Außenflächen der seitlichen Wände und die Apsis sollten von jedweder Malerei oder anderem Schmuck frei gehalten werden. Oberstes Ziel war, mit allen erdenklichen Mitteln die Heiligkeit und Würde des sakralen Ortes zu betonen, zu steigern und nach außen hin ein deutliches Zeichen zu setzen, das besagte: Hier steht das Haus des Herrn! Hier ist die Tür, die zu ihm führt! Tritt ein!

Literaturverzeichnis

Binding, Günther, Architektonische Formenlehre, Darmstadt 1998

Buchowiecki, Walther, Die Kirchen innerhalb der Mauern Roms. S. Maria della Neve bis S. Susanna (Handbuch der Kirchen Roms. Der römische Sakralbau in Geschichte und Kunst von der altchristlichen Zeit bis zur Gegenwart, Band 3), Wien 1974

Busch, Harald/ **Lohse**, Bernd, Baukunst des Barock in Europa, Frankfurt [3]1964

Norberg-Schulz, Christian, Architektur des Barock, Stuttgart 1975

Schlimme, Hermann, Die Kirchenfassaden in Rom. Reliefierte Kirchenfronten 1475-1765, Petersberg 1999

Jung, Wolfgang, Architektur und Stadt in Italien zwischen Frühbarock und Frühklassizismus in: Rolf Tomann, Die Kunst des Barock. Architektur, Skulptur, Malerei, Köln 1997

Wittkower, Rudolf, Art and Architecture in Italy 1600-1750. Vol. One: The Early Baroque 1600-1625, New Haven o. J.

Textquellen im Internet

http://deu.archinform.net/projekte/9835.htm

http://deu.archinform.net/arch/6515.htm

http://www.kirchenlexikon.de/s/s4/susanna_v_r.shtml

http://www.projekte.kunstgeschichte.uni-muenchen.de/arch_complete_vers/40-ren-barock-architektur/studieneinheiten/lektion_8/VIII_5_24.htm

http://www.vaticanhistory.de/vh/html/tk167titelkirchen_s_s1.html

http://www.vaticanhistory.de/vh/index.html

Bildquellen im Internet

http://upload.wikimedia.org/wikipedia/commons/8/83/Santa_Susanna_(Rome)_-_facade.jpg (Abb. Seite 5 dieser Darstellung)

http://images.google.de/imgres?imgurl=http://www.panoramio.com/photos/original/7842908.jpg&imgrefurl=http://www.panoramio.com/photo/7842908&usg=__CtSPVSTAuRZZWAEGjqLtBMwH83w=&h=2448&w=3264&sz=3314&hl=de&start=67&tbnid=3ugt1DTeRq2AXM:&tbnh=113&tbnw=150&prev=/images%3Fq%3Drom,%2BSanta%2Bsusanna%26gbv%3D2%26ndsp%3D20%26hl%3Dde%26sa%3DN%26start%3D60 (Abb. auf dem Titelbild dieser Arbeit)